Rosenzeit - Anthologie

AF285434

Rosenzeit
*
Anthologie

Autorengruppe des Internet-Autorenforums mit

Friederike Amort
Ernestine Gira
Knut Ismer
Rita Keller
Birgid Krause
Gisela Schäfer
Ingrid Streicher
Heinz Welser
Monika Maria Windtner

Herausgegeben und illustriert von Rita Keller

Alle Rechte liegen bei den Autoren.

Zur Schreibweise der Gedichte:
Jeder Autor / jede Autorin wählt selbst, wie seine / ihre Texte geschrieben werden: ob nach den Regeln der alten oder der neuen Rechtschreibung, ob mit oder ohne Interpunktion.

Für die hilfreiche Beratung und Unterstützung bei der Erstellung dieses Buches bedanke ich mich ganz herzlich bei Frau Ingrid Streicher.
Rita Keller

Herstellung und Verlag:
Books on Demand GmbH
D-22848 Norderstedt
ISBN 9 783839 148815
Preis 9,00€

Rose weiß, Rose rot,
wie süß ist doch dein Mund,
Rose rot, Rose weiß,
dein denk ich alle Stund ...
(Hermann Löns)

Vor wenigen Jahren haben wir uns zu einem privaten Internet Autoren Forum zusammengefunden. Kennen gelernt hat sich unsere Gruppe über die Literaturzeitschrift "Feierabend" in der Edition Lebenszeichen, deren Herausgeberin Friederike Amort ist. Hier sind wir, obwohl in verschiedenen Ländern zuhause und teilweise räumlich sehr weit voneinander entfernt, zu einer literarischen Familie zusammengewachsen, wir tauschen uns über die unterschiedlichsten Themen aus,
schreiben Gedichte und lernen voneinander, es immer noch besser zu machen.

Im vergangenen Jahr haben wir begonnen, Gedichte zum Thema Rosen, die Liebe, Schönheit und auch Leid gleichermaßen auszudrücken vermögen, zu schreiben, und so ist in diesem Jahr ganz spontan die Idee entstanden, unsere Texte in einer Anthologie zusammenzufassen und zu veröffentlichen. Lieber Leser, liebe Leserin, wir hoffen, dass auch Sie die Freude, die wir dabei erleben durften, ein wenig nachempfinden können und danken Ihnen, dass Sie sich für dieses Buch entschieden haben.

Rita Keller

Gedichte Friederike Amort

Rosenwunder

In der Handschale
die erwachende Knospe
rosenrot
teerosengelb
blutrot
samtseidene Träume...

in der Handschale
die verletzliche Blüte
hauchzarte
geheimnisvolle
duftende
Blätterräume...

Rosennächte

In lauen
durchwachten Nächten
auf Rosenblättern
gebettet
durchwandert jemand
meine güldenen
Träume...

Am Morgen
geweckt von
Dornenküssen
verlässt der Schatten
die tränenden
Räume...

Frühlingsrosen

Wenn laue Strahlen
Knospen streicheln
und sie zärtlich küßt
der Wind
an Tagen
voller Maienwonne

dann brechen
Hüllen auf und auf
sie geben sich
dem Blühen hin
mit Lust
der Morgensonne ...

Sommerrosen

Wenn Sonnenfinger
Rosenköpfe heben
ihnen das warme
Licht nun zeigen
benetzt von
glänzendem Perlentau

dann erwacht
der Farbenrausch
entfalten sich
süße Aromen
vergessen ist
vergangnes Wintergrau ...

Herbstrosen

Wenn strenger Reif
und Frost
sich krallt
an letzte
sonnenbekränzte
Sommerspuren

dann segeln
leise dann und wann
erfrorene Rosenblätter
auf bunte
herbgefärbte
Herbstesfluren …

Winterrosen

Wenn dem
brüchigen Rosenpergament
in langer
dunkler Zeit
noch feine Düfte
sanft entschweben

dann läßt
der Sommer leise grüßen
mit diesem Hauch
und schläft noch
eine Weile hin
bis zum neuen Rosenleben

Rosenengel

Ein Engel streut
Duft und Blüten aus
mit zarter Hand …

er hält
das Füllhorn leicht am
seid'nen Band

er leert
mit vollem Schwung
bis an den Rand

und hält inne …
zu Ende sind die Gaben
denn Dornen auch
sind in diesem flücht'gen
kurz geborgten Pfand …

Rosenmond

War es erst gestern
als mir der Rosenmond
in voller Dolde
mit leichtem
süßen Duft
voll Verheißung blühte …

es ist schon heute
wo der Rosenmond
in seltner Fülle
mit herbem
schwerem Hauch
sich zur Erfüllung mühte …

Blaue Rose

Der strahlende Himmel
spiegelt sich
mit erfrischendem Morgentau
ich sehe die ganze Welt
in meiner Traumrose in Blau

Die vertrauten Augen
spiegeln sich
mit zärtlichem Tränentau
ich spüre ein tiefes Heil
durch meine Glücksrose in Blau

Gedichte Ernestine Gira

DAS ROSENGÄRTLEIN
(Moritat nach einer alten Sage)

Es spricht die Sage zu Aggstein
von einem schrecklichen Ort,
man nannte es Rosengärtlein,
aber viele ließen ihr Leben dort.
Ein Felsen, zerklüftet und klein
voll wildblühender Rosen,
sie rankten sich über den Stein,
machten die Stätte zur kuriosen.
Die wilden Rosen mit lieblichem Duft
sahen Gefangene kommen und gehen,
welche verhungerten an frischer Luft,
oder sich auf nimmer Wiedersehen
in die Tiefe stürzten und starben;
bis eines Tages ein Mutiger kam,
dem schlug sein Sprung keine Narben,
sondern er fing alsbald danach an,
mutige Männer um sich zu scharen,
um dem Raubritter Scheck vom Walde
zu beenden sein schlimmes Gebaren,
und er verschwand im Kerker alsbalde.
Lange vorbei die schlimmen Zeiten,
wo die Kuenringer die Donau bewachten,
um nach Manier und Möglichkeiten
Maut zu kassieren und Beute machten.
Zur Erinnerung ist uns geblieben
die Ruine samt dem Rosengarten,
welche noch heute nach Belieben
auf wanderfreudige Besucher warten.

Weiße Rosen

Weiße Rosen zum Gedenken
bringe Jahr für Jahr ich her
lässt du mich an dich denken
dein Adieu fällt mir so schwer

Meine Augen tränenblind
entzünde ich dir eine Kerze
damit es dir erhellt mein Kind
den Weg zu deinem Mutterherze

ROTE ROSEN BRING ICH MIT

1) Strophe

Rote Rosen bring ich mit zum Rendezvous
und gesteh' dir meine große Liebe
ist verliebt sein Wunderbares noch dazu
und wünsche mir, dass es für ewig bliebe

Refrain:

Lass nicht zu, dass uns're Liebe welkt
sondern halt' sie frisch wie Rosen
selbst wenn ein Dornenstich sie schmält
zählt Leidenschaft zum Grandiosen.
Doch ist die Rose längst verblüht
am Ende aller ihrer Tage
sind wir noch um stilles Glück bemüht

2) Strophe

Dann nehm' ich dich in meine starken Arme
seh' fest dir in die hellblau'n Augen
mein heißer Mund dem deinen sich erbarme
uns're Lippen nun zum Küssen taugen

Refrain:

Lass nicht zu, dass uns're Liebe welkt
sondern halt' sie frisch wie Rosen
selbst wenn ein Dornenstich sie schmält
zählt Leidenschaft zum Grandiosen.
Doch ist die Rose längst verblüht
am Ende aller ihrer Tage
sind wir noch um stilles Glück bemüht.

ROSEN
sind die
Blumen der Liebe
rot, langstielig und ohne
DORNEN

*

HECKENROSEN
wachsen über
den Torbogen hinauf
und ihr Duft ist
BETÖREND

*

Verblühte Rosen
erinnern an den Sommer –
trautes Glück mit dir

*

Warmer Sommerwind
schaukelt die Seerose sanft
im Gartenbiotop

*

Mit ihren Stacheln
rankt sich die Heckenrose
am Spalier entlang

*

ROTE ROSEN

Als Hochzeitsstrauß rote Rosen
trägst du in deinen Händen,
sind wie herrlich' Pretiosen,
die glücklich Aussehen spenden.

Bist später Mutter du geworden,
rote Rosen deine Kinder bringen
dir am Muttertag als Orden
und dazu ein Liedchen singen.

Kommt eines Tages mal die Zeit,
wo du Abschied nehmen musst,
sind rote Rosen dein Geleit,
als letzte Grüße unbewusst.

SCHNEEROSEN – Akrostichon

S chneerosen lauern auf die

C hance bald den blauen

H immel zu sehen und

N icht mehr unter dem

E isigen Weiß zu frieren bis

E ndlich die Sonne die

R osenwunder wach küsst

O hne dass des Waldrand's

S chattige Umgebung ihnen

E inen Schaden zufügt -

N aturwunder Schneerosen

TEEROSEN

Zu einem Strauß gebunden
kriege ich gelbe Teerosen
mit orangen Rändern
und langen Stielen

In der Vase entfalten sie
ihre wahre Schönheit
und ihren feinen Duft
den sie tagelang verströmen

Haben sie ihr Leben ausgehaucht
such' ich mir die Schönste aus
und lege sie zum Pressen
in mein dickes Lieblingsbuch

Gedichte Knut Ismer

Rosenblüte

(Shakespeare Sonett)

Morgens bist du noch ein Knospenwesen
und von grünen Blättchen fast verschnürt,
eingehüllt, vom Sein noch nicht berührt,
blütenhaft, zu Größerem erlesen.

Dann im warmen Sonnenstrahlenreigen,
dehnst du deine zarten Blätter aus,
öffnest dein geheimes Seelenhaus,
daß wir uns vor dir, du Schönste, neigen.

Über weiße, rosa Blütenköpfe
schwebst du dunkelrot, du Königin;
deine Blüte trägt den stolzen Sinn:
Krone aller Rosenduftgeschöpfe.

Schönste Rose, du gewährst die Gunst,
denn dein Blühen ist des Himmels Kunst.

Rosentraum

(Sonett)

Es träumte mir von einem stillen Garten,
in dem ich ungestört spazieren ging
um Rosenbeete an des Weges Ring
und wie sie meines milden Blickes harrten.

Ich konnte ihre Ansicht kaum erwarten
und war wie trunken, wie ein Schmetterling
im Sonnenschein, daß ich zu ihnen ging,
die sich so herrlich mir nun offenbarten.

An Sträuchern blühten englisch mir die Rosen,
ihr Duft war samten und wie ein Liebkosen,
ein Sonnenwind trug ihn zu mir heran;

ihr Hauch, ihr Sein, ihr farbenzartes Bild
zog meine Sehnsucht ganz in ihren Bann
und hat im Traum die Liebe mir gestillt.

Rosengarten

(Sonett)

Dicht an des Berges Mauern finstrer Zeiten,
als Tag und Köpfe voll von hartem Stahl,
entspringt geheimer Garten im Oval,
ein lichter Hain inmitten grüner Weiten.

Gern läßt der Blick im Sonnenstrahl sich leiten,
pflückt still sich Zauberbilder ohne Zahl
von Rosenblüten, die als Augengral
im sanften Rund sich tausendfach ausbreiten.

Und aus dem Grün der Baumesdämmerung,
auf ihrem Sockel wie in weitem Sprung,
jagt sie, die junge Göttin, wild und kühn,

fliegt leicht dahin, den Blick voraus zur Weite,
die treuen Hunde springen ihr zur Seite,
zum Licht, in dem die Rosen ewig blühn.

Seerosen

(Sonett)

Mein Boot zieht leise durch das stille Wasser hin,
die Ruder tauchen sacht im glatten Spiegel ein;
die Tropfen springen in dem lichten Sonnenschein,
als glitzert Silberschmuck der Wasserkönigin.

Fast wie ein Märchen, geht mir wohlig durch den Sinn,
so zieh ich träumend durch des Schilfes lange Reih'n
und fühl' mich sonderbar in and'rer Welten Sein,
als zög' ich nicht so nah am grünen Ufer hin.

Nun kommt die stille Bucht, ein wenig dämmrig schon,
auf meine Augen wartet gar der schönste Lohn
mit weißen Blütenkelchen über tiefem Grund.

Ich sehe schon die nackten Nixenarme winken
und mich, verführt, in ihre Tiefen niedersinken,
hinab zum feuchten Kuß auf ihren Blumenmund.

Idylle

Sieh die Stockrosen am Zaun
zwischen den Wacholderbüschen
Blüte an Blüte
rosa und rot

heiter wird dir die Welt
bei ihrem Anblick
Sommer ist's
und die leichten Stunden
des Jahres sind da
fern ist der Regen
die dunklen Wolken
die trüben

sie lächeln dich an
die Rosen am Zaun
und du lächelst zurück
so heiter
müßte die ganze Welt sein!

Fensterrose

(Sonett)

Des Domes stilles Auge blüht entgegen
dem Licht des Lebens in der Höhe Blau,
daß es den Nektar trinke wie den Tau
und spende mit dem Blumenopfer Segen.

Der Dom läßt seinen Chor nach Osten streben,
es geht der Rose Blick nach West genau,
zu zieren ihres Schöpfers hohen Bau
aus Stein und Glas, dem lichten Gott entgegen.

Wenn tags die Sonnenstrahlen sie durchdringen,
erstrahlt die Rose an des Äthers Strand
wie eine Seele voller Harmonie.

In Sphären aufgelöstes Farbenklingen
verwandelt heller Sonne Melodie
zu einer Sage aus dem Morgenland.

Herzensrose

(Triolett)

Ich liebe dich, du Herzensrose,
den Duft von Dir, dein Farbenkleid;
zeigst dich als Blütenvirtuose,
dich liebe ich, du rote Rose;
bist mir ein Bild in schönster Pose,
erfüllt mit Liebe und mit Leid:
ich liebe dich, du meine Rose,
den Duft und auch dein Farbenkleid.

Pfingstrose

Die rosa Kugel
aufbrechend zu Pfingsten
leicht wie Gedanken
wie ein Wein in rosé

die Blüte
schwebend
wie eine Feder
zu den Auserwählten

entflammt
durch den Heiligen Geist

Rosen

Rosen hast du mir gegeben
mit den Augen, mit der Hand,
und sie tragen mir dein Leben,
deines Herzens zartes Land.

Nahm sie heim mit meinen Händen,
sah ihr leuchtendes Gesicht;
alles darf sich fortan wenden,
nur die Rosen geb' ich nicht.

Blüht mir nur in meinem Glase,
duftet mir in meinem Raum;
frischer Quell sei euch die Vase,
leuchtet wie der schönste Traum.

Blüht, ihr seid bei mir geborgen,
atmet mit mir in der Zeit
und ich schau euch ohne Sorgen:
meine Zeit wird Ewigkeit.

Rosenzeit

(Sonett)

Laßt nur euren süßen Duft
sanft um meine Sinne streichen,
Blüten, die die Götter reichen,
Schönheit, die die Sehnsucht ruft.

Liebe zieht durch milde Luft
und Aromen steigen, reichen,
bis die Blütenblätter weichen;
Schönheit sinkt hinab zur Gruft.

Dornen lass ich mir gefallen
und mein Blut gerät ins Wallen,
doch die Rose blüht für mich.

Gern nähm' ich die Zeit gefangen,
trag den Rosenzweig mit Bangen,
und im Heim lebt er für dich.

Rosenzeit

Schütte die Fülle des Rosenduftes
über mich aus
der mir entgegen quillt
aus den Gefilden des Sommers
mich umströmt und umflutet
mich eintaucht
in paradiesische Räume
verschlungene Wege
und balsamische Welten

verträumt
voll Erstaunen
blicken die offenen Augen und lächeln
als blieben die duftenden Träume
der Wunderbaren
ein ewiges Füllhorn
immer und immer

Rosenduft

Ich atme den Rosenduft ein
bewahre ein Stück des Glücks
für dunkle Zeit
damit ich das Leben
nicht vergesse

Gedichte Rita Keller

Die Rose

(Sonett)

Im Knospeninnern, schützend noch versteckt,
sind edel Sanftmut so wie Samt und Seide,
bald strahlt sie vor mir schön im Festtagskleide,
vom frühen Morgentau so zart beleckt;

vor ihrer Reife blieb noch unentdeckt
der Blick, der Duft, an dem ich mich nun weide;
ich will sie brechen, Schönheit, die ich neide,
will Nektar kosten, weil sie Lust mir weckt ...

Oh edle Rose, die du mich betörst,
weil meiner Liebe Schwüre du erhörst
und mich erfüllst mit großer Wonnen Glück -

du Rose bist zu Recht die Königin!
Romantik und Gefühl ist wohl dein Sinn;
verzeih mir, Rose, wenn ich dich jetzt pflück!

Rosengarten

Oh welch herrliches Entzücken
bringt mir Glanz in meine Augen
süßer Duft will mich beglücken
will die Sinne mir fast rauben

in dem Garten voller Rosen
mit himmelsgleicher Farbenpracht
will ich küssen und liebkosen
wo mich Liebe hingebracht

im Rausch der Liebe Rosen gleich
öffne ich dir meine Seele
im wonneschönsten Traumbereich
dass mir zum Paradies nichts fehle

Eine Rose

Eine Rose, die gebrochen im Sturm,
gab Schutz und Dach einem Regenwurm,
der sich schlängelte über den pitschnassen
Grund,
der sich aalte, für ihn war der Regen gesund.
Sturm und Regen, ihr zwei, wann ist es genug?
Ich wünsch mir die Sonne, ein Wechsel wär klug.
Die Rose, sie hielt nicht stand diesem Toben,
ich brach die Rose ganz, hab sie hoch gehoben.
Rose, du Blume mit schönster Gestalt,
ich nehme dich mit, geb in der Vase dir Halt.
Dann blühst du noch einige Tage für mich,
du Königin der Blumen - dir gilt mein Gedicht.

Ein Heckenrosenkranz

Heckenrosen möcht´ ich pflanzen
tief in meines Herzens Grund
dass kränzend sie die Seel umranken
mein Herzblut nähret sie sehr gut
der Duft der Blüten mag betören
wenn ich in Liebe mich ergehe
wer diesen Zauber kann verstehn
dem tun auch nicht die Dornen wehe
es wehrt ihm keine Dornenhecke
ihm öffne ich mein Seelensein
denn in der Liebe bin ich nackt
nichts soll in ihr verborgen sein
fühlst du wie ich dann komm herein
lass uns wie eine Rose sein

Rosen-Hymne

Rose jung Rose zart
bist von adlig Blumenart
wehrhaft deiner Stiele Dornen
Blattgebilde in fünf Formen
Knospen strotzen voller Kraft
bis sie endlich aufgeplatzt
und sich Eleganz entfaltet
höchste Schönheit Blatt für Blatt
und mein Aug´ wird nimmer satt
verführst mit Duft mich
machst benommen
von dir die schönsten
Träume kommen
diese Träume
sind kein Schaum
ich darf jedes Jahr
dich schaun.

Die letzte Rose

Auf dem Kissen eine Rose
so dunkelrot wie stockend Blut
Blatt für Blatt ein Liebeslied

gehst nun fort ins Grenzenlose
Tränen sind mein Abschiedsgut
meine Liebe mit dir flieht

allein in eine hoffnungslose
Zukunft ohne deinen Mut
weil das Leben weitergeht

nie mehr eine rote Rose
nie mehr brennt die Liebesglut
singt der Tod sein Grabeslied

Liebesschwur

Rosen leg ich dir zu Füßen
will dir jeden Tag versüßen
meine Liebe will ich schenken
Tag und Nacht deiner gedenken
Vöglein zwitschern von den Bäumen
Ich will lieben nicht nur träumen
oh ich bin total verrückt
seit dein Dasein mich so entzückt.

*

Brich die Rose nicht -
ihre Schönheit lebt für dich.
Sieh in ihr Herzblut.

Sommeranfang

Gelbe Rosen laden zum Tee
Die kalte Zeit ist längst passé
Die Luft schon mild und voller Duft
So dass es uns ins Freie ruft
Auf dem Balkon auf der Terrasse
Schmeckt der Tee aus kleiner Tasse
Auch ein Orchester ist schon da
Hoch in den Bäumen wunderbar
In Arien tschiep - Dur und Moll
Sommeranfang wundervoll

Akrostichon

R ot ist die Farbe der Liebe
O hne Dornen ist sie nicht
S ie bringt Wonnen und auch Leiden
E ine Blume - ein Gedicht

*

R egenglanz liegt
O ben auf der
S pitze des Zweiges
E s beginnt etwas
N eues, vielleicht ein
K unstwerk der
N atur wie eine
O de an den
S chöpfer der ohne
P ause Neues
E nstehen lässt

Gedichte Birgid Krause

Prächtige Rose

Die Rose ist´s, die mich erfreut,
wie sie dort rankt am Gitter.
Zart gefärbt,
gleich leicht geröteter Wangen
eines scheuen Mädchens,
entfaltet sie ihre Knospe,
wenn die Sonne
ihre wärmenden Strahlen schickt
und sie einhüllt
in ihr helles Licht.
Wunder der Schöpfung,
wie prächtig bist du!

Schneeweißchen und Rosenrot

Pfingstrosen in
rosa und weiß
erwacht sind im Garten
sie stehen im Kreis
und leuchten
bei Dämmerlicht
welch prachtvolle
Blütensicht

Schneeweiße
und rosa Rosen
ranken
verschlungen
der Sonne entgegen
und bringen
das Klettergerüst
zum Schwanken

Schneewittchen

Befreit
von Eis und Schnee
wartet
der alte
Rosenstock
auf seinen
spektakulären
Auftritt.

Wenn die
Quecksilbersäule
im Thermometer
höher klettert
und
der Sonne Kraft
jeden einzelnen
wintermüden Zweig
wach küsst,
dann erscheint
eine Fülle weißer Knospen,
die sich nach und nach
zu einem
betörend duftenden
Blütenwasserfall
entfalten.

Rotkäppchen

Auf dem
grünen Hügel
thront
wie eine Königin
die Bodendecker-Rose
und stellt
ihre purpurroten
Blütenköpfe
dicht an dicht
zur Schau,
weithin leuchtend
durch den Garten.

Gebannt
von ihrer
anmutigen Schönheit
suche ich
immer wieder
ihren Blick,
lasse mich
begeistern und inspirieren
von der
Faszination
ihrer
zarten Erscheinung.

Dornröschen

Dunkelrot
verführerisch
erklimmt sie
das Rosengitter
an der
schneeweißen Wand.

Stolz
öffnet sie
die zahlreich filigranen
Blüten
und
verströmt
auf der
gewagten Klettertour
orientalisch anmutende
Düfte.

Bewundernde Blicke
schmeicheln ihr.
Doch
kommst du ihr
zu nah,
zeigt sie sich
wehrhaft:
Dornenreich
verteidigt sie
ihr
Leben.

Rosenschwur

(für Heiner)

Auf rote Rosen würdest du mich betten,
so hast du einst mit Eifer mir geschworen.
Da ward zu dir die Liebe neu geboren,
ich konnt´ nicht widersteh´n, dem Schwur, dem
netten.

Mit Rosenblättern säumst du meinen Weg,
dass weich ich falle, wenn ich einmal wanke.
Es ist dein allumfassender Gedanke,
mich zu beschützen über Straße, Pfad und Steg.

So sind wir heut´ ein altes Ehepaar.
Die Liebe wohnt bei uns schon lange Zeit,
hüllt ein uns in ihr Rosenblätterkleid.
Und Lieblingsrosen zieh´n durchs Garten-Jahr!

Akrostichon

R osen sind wie
O rchideen:
S ehnsuchtsblumen -
E igenartig und elegant,
N ichts erreicht ihre
Z auberhafte Schönheit, ihr
E infallsreiches Auftreten, ihre
I mposanten
T raumblüten!

Die Zeit ist um

Verlassen steh´n sie da, die Gartenstühle
ganz ohne bunte Kissen - gähnend leer;
vor kurzem tauschten Menschen noch Gefühle
auf ihnen aus - dies zu ertragen fällt doch
schwer!
Auch die Laterne trauert still und weint,
ihr Licht wird nicht gebraucht - kalt ist der
Abendhauch.
Der blütenlose Rosenstock schroff meint:
Nehmt euch zurück, die Zeit ist um. Ich tu´ es
auch.

Gedichte Gisela Schäfer

Rose du

Schönste der Blumen,
du füllst die Luft
mit deinen Farben,
mit deinem Duft.

Schönste der Blumen,
zeigst deine Pracht,
wenn voller Wonne
Sonne uns lacht.

Schönste der Blumen,
dich lieb ich sehr,
schenk dich von Herzen
dem Liebsten gleich her.

Rosen haben Dornen

Gibt es Schöneres als Rosen,
die mit süßem Duft betören,
deren Farben Augen kosen?
Nur die Dornen, - ja, die stören!

Schönheit ist oft eine Bürde
für ein Mädchen voller Schwächen,
dem es besser gehen würde,
hätt' es Dornen, um zu stechen!

Rosenleben

(Sonett)

Du hast die rote Rose mir geschenkt.
Ich sah sie voller Freude lächelnd an.
Sie war so schön, - ich nahm dich dann zum Mann,
und unser Leben schien von Gott gelenkt.

Wohl keiner, der im Glück sich sonnt, der denkt,
dass diese Wonne einmal schwinden kann.
Der Rosenduft hielt immer uns in Bann.
Wer ahnt denn, dass sich Licht mit Nacht durchtränkt?!

Dass an den Rosenstielen Dornen sitzen,
die schmerzhaft Wunden reißen, stechen, ritzen,
das hatten niemals wir in uns'rem Blick.

Die Rose hat uns jahrelang betört.
Ein Dorn von außen hat sie dann zerstört.
Die Blüte riss entzwei ein bös' Geschick.

Heckenrosen

(Triolett)

Der süße Duft der Heckenrosen
verlockt, wie es im Liede heißt,
zum Küssen g'radezu und Kosen,
der süße Duft der Heckenrosen, -
wenn man so liegt auf weichen Moosen
und Liebe einen fast zerreißt...
Ja, ja, der Duft der Heckenrosen
verlockt zum Küssen, wie es heißt.

Rosige Eigenschaften

Die weiße Rose zeigt die Unschuld an,
indes die gelbe lädt dich ein zum Tee.
Die rote schenkt aus Liebe meist der Mann,
die rosafarbene heilt Leid und Weh.

Doch welche Farbe auch die Rose schmückt,
der Inbegriff der Schönheit ist sie immer,
und wer sie liebend weiterschenkt, beglückt
und zaubert Freude in der Augen Schimmer.

Die zarten Blütenblätter und der Duft,
sie treiben fort den Kummer und den Schmerz.
Man schnuppert mit Entzücken in die Luft
und fühlt, wie warm es einem wird ums Herz.

Rose, du Schönheit

Knospende
Ahnung,

aufblühendes
Versprechen,

reifende
Fülle,

abblätterndes
Erinnern.

Vergangenheit

Die letzten Blütenblätter liegen auf der Erde.
Vorbei der Rose Schönheit und ihr zarter Duft!
Was bleibt, ist die Erinnerung, doch kein „Es
werde!",
und Wehmut zieht sich schmerzlich zitternd durch
die Luft.

Gedichte Ingrid Streicher

Die Sommerrose

Aus der Knospe, die im Frühling wuchs,
wurde eine Sommerrose,
die jetzt hell im Sonnenschein
uns erstrahlt in hübscher Pose;

die da duftet, schwer und blumig,
voll von reicher Lebenslust;
die uns Schönheit schenkt und Freude
in des Sommers grünem Blust.

Eh der Herbst kommt, blüht sie auf,
zeigt uns noch einmal das Leben,
das so paradiesisch schön ist,
wenn wir sanft uns ihm ergeben.

Sommerliebe

O Sommer, laß mich wieder lieben!
Schenk mir ein off'nes, warmes Herz,
das, von der Sonne angetrieben,
nach oben lächelt, himmelwärts.

Schenk mir die Tiefe der Gefühle,
laß mich noch einmal Freude sehn!
Zu sehr versinken wir in Kühle,
wenn wir nur durch das Dunkel gehn.

Durch deine Wiesen laß uns wandern,
den Duft der Rosen ganz im Blut;
versinken laß uns, eins im andern –
und aufblühn dann, in Liebesglut.

Wenn ich an Rosen denke ...

Wenn ich an Rosen denke,
denk ich auch an dich,
als du vor vielen Jahren
sie mir freudig brachtest;
denk ich an an laue Sommernächte;

wenn ich an Rosen denke,
dann denk ich auch an Tränen,
die geflossen,
und an die Rosen,
die ich legte dir aufs Grab;

wenn ich an Rosen denke,
fühl ich heute nur mehr Wehmut,
weil sie sogleich vergangen,
rasch verblüht,
und weil ihr Duft
nur mehr ganz leise
am Abend
durch den Garten zieht ...

Muttertag

Die langstielige Rose
in ihrer hohen Vase
zittert
am einsamen Tisch.

Sie hat sie selbst gekauft,
die Frau,
und leise Tränen
netzen
ihre bleichen Wangen.

Liebe, denkt sie,
voll Erinnern,
voller Bangen,
Liebe.
Doch nur meine Liebe
hält die Rose frisch.

Rosenknospe
am Morgen: leise öffnet
sie Blatt um Blatt.

*

Süße Melodie:
die Amsel im Rosenstrauch
jubelt zum Himmel!

*

Herzen erwachen
im Duft der Junirosen,
sehnen sich lange.

*

Der Rose Schönheit
leuchtet tief in das Innre,
selbst wenn sie verblüht.

*

Wenn du mich liebst,
darfst du den Stich der Dornen
nicht scheuen …

Zwei Tanka

*

Vollmond im Juni!
Sommergeister erwachen,
oder sind's Rosen?

Ich kann den Blick nicht wenden,
zu schön leuchtet der Milde.

*

Rosen wünsch ich mir
auf mein Grab, rote Rosen,
die im Frühling blühn,

und Tau auf ihren Blättern,
einen Hauch Erinnerung ...

Rosenbild

(Sonett)

Ein Rosenbild, gerahmt in Gold und Weiß,
erzählt mir immer wieder alte Mär ...
Wohl lange ist das Rosenglück schon her,
und doch erklingt sein Lied in mir ganz leis.

Der Anblick dieser Prächt'gen - wie ein Kreis
aus Schönheit, Freude, voller Duft und hehr -
ist Trost mir, labt mich, spendet Wonne mehr ...
Und die Erinn'rung blüht noch, wild und heiß.

Das Rosenbild ist für mich junges Leben,
ein göttliches Erhalten und auch Geben,
ist heute noch Erfüllung, tiefer Sinn.

Auch wenn die Rosen auf dem Bild verbleichen,
für mich sind sie ein wunderbares Zeichen,
daß ich noch fühlen kann, ein Mensch noch bin.

Durch den Rosenbogen

Der Blick
durch den schmiedeeisernen Rosenbogen
in diesen Garten hinein,
in diesen Zaubergarten,
läßt mich anhalten,
schauen,
staunen;

mein Herzschlag stürmt
wie damals
in der Frühlingsnacht ...

So dicht und wild
das Blätterkleid,
der Blumenschmuck;
die weiße Bank -
ein Schemen nur;

der süße Duft,
die Rosenluft ...

Da faßt mich wallend
eine Woge der Erinnerung,
schlägt über mir zusammen
und reißt mich mit
ins Tränenmeer.

Am Abgrund

Wie Tau
auf voll erblühten Frühlingsrosen –
so glänzen deine Tränen auf der Wange;
Erschütt'rung ist's,
die dich bewegt,
wenn du durch diesen Garten gehst;
durch Düfte, die dein Herz verführen,
an deine tiefste Seele rühren,
durch Rosenpracht an weißen Wegen,
auf denen Schönheit liegt wie Segen.

Ach, die Erinn'rung tut so weh!
Wie war doch alles Licht und Leben
und Freude damals, Tag für Tag,
ein rauschend' Lust- und Liebesregen,
wie man ihn kaum erahnen mag.

Heut kannst du nicht einmal mehr träumen,
wenn du durch Rosendüfte gehst,
nur weinen. Denn du erkennst,
daß du am Abgrund stehst,
an dessen Rändern Rosen welken.

Gedichte Heinz Welser

Die Jugendrose

Wie eine Rose warst du mir,
so zart und fein, so wunderschön.
Was gäb' ich heute noch dafür,
könnt' ich die Jahre rückwärts dreh'n.

Doch ist es nicht, kann nicht gescheh'n.
Selbst wenn mein Herz es gerne hätt'.
Was einst an Schönheit ich geseh'n,
schon längst an ander'm Orte steht.

Und mir blieb nur Erinnerung,
ein Dorn, den keine Zeit zerbricht.
Der tief ins Fleisch, als ich noch jung
und heute noch im Herzen sticht.

Die Rose

Am Wegesrand sah ich dich steh'n.
Ließest du meine Schritte stocken.
War deine Schönheit, dein Besteh'n,
mir sofort lieblichstes Verlocken.

Ging deine Zartheit mir so nah.
Wollte ich einfach dich nur brechen.
Doch wehrhaft, ja fast unnahbar,
warst du bereit, um mich zu stechen.

Drang mir dein Stachel in die Hand.
Doch ließ die Gegenwehr nicht zagen.
Zu viel mich schon an dich jetzt band,
du musstest mein sein auch im Klagen.

So hab' ich endlich dich gewonnen,
gab ich auch erst mein Blut dafür.
Ist auch dein Widerstand zerronnen
und blühst du nun in Liebe mir.

Wilde Rose

Wenn es dir auch fehlt an Fülle,
zeigst du, dass du mehr als echt,
wilde Rose, die du stille
dich verbirgst im Dorngeflecht.

Wo du zwischen scharfen Spitzen
deine zarte Schönheit zeigst
und bereit, die Haut zu ritzen,
stets nur mit Enthaltung geizt.

Weshalb schwerer du zu haben
als die Schönste deiner Art,
welche, um den Sinn zu laben,
nicht mit ihren Reizen spart.

Dennoch ist es jenes Zieren,
welches dich begehrlich macht
und dein Liebreiz, der zu spüren,
schenkst du dich zur Frühlingsnacht.

Rosenzauber

Es ist die Reinheit, die dich ziert
und deinem Anblick Freude bringt,
ja, alles Edle das verspürt,
für deine Pracht in Anspruch nimmt.

Weshalb die Schönheit dieser Welt
auch stets in deiner Blüte liegt,
was auch den Zauber dir erhält,
der nahtlos sich in Herzen fügt.

Und alle Sinne fügsam macht,
selbst jene, die verkrustet sind.
So liegt wohl in der Rose Kraft,
Magie, die jede Härte nimmt.

Die letzte Rose

Die letzte Rose ist nicht mehr,
ihr Blütenkleid, es ist zerfallen.
Was lange setzte sich zur Wehr,
es ging die Wege nun von allem.

Gar ständig bot sie Widerstand,
selbst noch als sie vom Sturm umtost.
Allein, sie ihren Meister fand,
im allerersten Morgenfrost.

Der sie umhüllte voller Glanz,
ja zärtlich silbern sie umfing.
Doch war es nur ihr Totentanz,
mit dem sie aus dem Leben ging.

Und langsam, als sie erdwärts glitt,
fiel Blatt um Blatt, so wie im Krampf.
Noch eh' die Sonne am Zenit,
war er vorbei, ihr Todeskampf.

Die Hoffnungsrose

Schon blüht sie jener Hoffnung Rose
und treibt die Wurzeln tief ins Herz.
Selbst wenn noch ungewiss die Chose,
steigt dennoch Freude himmelwärts.

Denn vieles war noch nicht gegeben,
was wirklich Grund für Jubel wär.
Zu abgeflacht, so war das Leben,
um nicht zu sagen, ein Malheur.

Doch plötzlich war da jenes Licht,
das wundersam die Stimmung hellt.
Ja selbst, wenn mancher Dorn auch sticht,
dies fast als angenehm schon zählt.

Und aus der Sinne Blütenkleid
selbst Kummerwolken rasch entflieh'n.
Wer sieht auch dunkel allezeit,
wenn Hoffnungsrosen ihm erblühn.

Der Rosentest

Als Gott sich diese Welt erschaffen,
da schuf er gar noch vielerlei,
von Blumen hin bis zu den Affen,
war manche Lebensform dabei.

So kam es, dass er einst sich dachte,
dass so ein Aff' die Erde kriegt
und gleich - Idee - die Rosen brachte,
zu sehen, ob er richtig liegt.

Dann führte er, der Zweck war klar,
ein jedes Tier zur neuen Hecke,
wo jedem dann, wie sonderbar,
am meisten nur die Blüte schmeckte.

Allein der kaum behaarte Affe
die Blüten sich zum Kranze band,
weshalb ihn Gott zum Herrscher machte,
er sah, das Vieh - es hat Verstand.

Rosenhaiku

Milder Rosenduft
liegt in lauer Abendluft.
Herzen erglühen.

*

Rosengirlanden
schmücken die Gartenlaube.
Ein Platz der Liebe.

*

Erstes Sonnenlicht
weckt grüne Rosenkäfer.
Silbern glänzt der Tau.

*

Dornen bewachen
die wilde Heckenrose.
Eine Lerche singt.

Rosen des Herzens

Rot
wie die Rose
war jener Tropfen Blut,
auf den wir einst
unsere Liebe beschworen.

Gelb
wie die Rose
ist meine Verzweiflung,
nachdem du
den Schwur gebrochen hast.

Und erst jetzt
wird mir klar,
dass auch die Rosen
des Herzens
Dornen tragen.

Rosenmadonna

R osen sind dir beigegeben,

O ft von Dornen noch bewehrt,

S omit Sinnbild für ein Leben,

E ines, das nur grambeschwert.

N ur, wenn Blumen dich auch krönen,

M ildert dieses kaum dein Leid,

A ber uns die Not zu nehmen,

D azu bist du stets bereit.

O hne deine große Gnade

N ützte das dem Bösen voll,

N ahezu auf jedem Pfade

A chtest du auf unser Wohl.

Gedichte
Monika Maria Windtner

Ode an die Pfingstrose

Du schöne Maid, im Blütenkleid,
bist herrlich anzusehen.
In Rot, Rose´ und auch in Weiß,
voll Ehrfurcht bleib ich stehen.

Die Schönheit deiner Blüten,
ein Loblied der Natur.
So schöne Maid, im Blütenkleid,
bist Schönheit du in Dur.

Du schöne Maid, im Blütenkleid,
verneigen will ich mich vor dir,
Himmelsgeigen spielen Blütenreigen,
mein Herz - gehört doch dir.

Ich liebe dich

Zart rosa trägst du dein Alltagskleid,
dein Duft so zart und weich.
Ich liebe dich du schöne Maid,
du machst mein Herz so weich.

In Rot trägst du dein Abendkleid,
ein Diadem aus Blüten.
Ich liebe dich du schöne Maid,
der Mensch soll dich behüten.

In Weiß trägst du dein Hochzeitskleid,
in allerschönster Pose.
Ich liebe dich, du schöne Maid,
dein Name ist – Pfingstrose.

Rosen auf dem Lebensweg

Im Frühling des Lebens,
zur Liebe bereit,
gebe ich dir in Herzensdingen Geleit.
Im Sommer des Lebens,
zur Geburt und Taufe,
bin ich bei allen Festen zuhaufe.
Im Herbst des Lebens,
wenn vieles verweht,
am Geburtstagtisch ein Rosenstrauß steht.
Im Winter des Lebens,
so kalt und allein,
blühen die Rosen am hölzernen Schrein.

Rosen für Maria

Ein Mädchen so zart, ihre Seele so rein,
sie läuft nach dem Schafehüten nicht heim.
Ans Ufer der Gave, nach Massabielle,
dorthin will sie laufen, jeden Tag und ganz
schnell.

Ihr Herz ist so offen, so fröhlich befreit,
will sehen die Mutter im himmlischen Kleid.
Schnell kniet sie nieder, zum Hören bereit,
Maria in Ehrfurcht ihr Gnade verleiht.

Legt Rosen dort nieder am geheiligten Ort,
die Mutter des Herrn schenkt ihr Wort für Wort.
Du glänzende Schöne, im gleißenden Licht,
ich will dir dienen, auch wenn´s Herz man mir
bricht.

Wo Maria erschienen, wo Rosen geblüht,
entsprang eine Quelle und die Liebe, sie glüht.
Die Menschen in Scharen zur Grotte hin reisen,
um Maria zu danken, zu loben und preisen.

Dreizeiler nach japanischem Vorbild:

*

Rosen und Tulpen
Fliederstrauch im Blütenmeer
Duftwolken so zart

*

Blütenträumerei
Rosenblütengirlanden
Hochzeitskutschenfahrt

*

Rosenblütenherz
offen für alle Menschen
sei uns du Vorbild

Gartenzauberei
Rosenblütenzärtlichkeit
Düftesinfonie

*

Kamelien zart
Rosenstrauch efeuberankt
plätscherndes Bächlein

*

Worte der Liebe
Rosenblütenzauberduft
DU bist mir nahe

Rosenregentag

Für dich soll´s heute Rosen regnen,
Blumen mögen blühen auf all deinen Wegen.
Vor Glück soll stets dein Herz erglühen,
die Liebe möge wahrlich herrlich erblühen.

Viele Engel sollen dich begleiten,
dir die Wege deines Lebens bereiten.
Der Segen des Himmels sei über dem Haus,
auch er möge dich leiten, tagein und tagaus.

Zufrieden und fröhlich sei deine Seele,
gesund sei dein Körper, dein Geist sich
bewege.
Wogen der Freude aus glückseligem Meere
geben deinem Leben tagtäglich die Ehre.

Autorenvita

Friederike Amort, im steirischen Ennstal, in der Eisenwurzen und Gesäuse - Region geboren und lebend, Herausgeberin literarischer periodischer Zeitschriften wie FEIERABEND mit diversen Beilagen, mehrere Einzelbände, Gemeinschaftsbücher, davon eines mit Ingrid Streicher   , Anthologien; Verfasserin von Brauchtumsspielen, davon eines mit Ernestine Gira, Autorin der Eisenwurzenrhapsodie.

Ernestine Gira , am 1. 4. 1956 in Lilienfeld/Niederösterreich geboren, lebt seit 1987 mit der Familie in Wien.
Drei Einzelbände (Mundart, Lyrik und Haiku-Kalender).
Veröffentlichungen in Anthologien und in Literatureditionen.
Krampusspiel (Die Hölle auf Erden) in Co-Autorenschaft mit Friederike Amort.

Knut Ismer geboren in Eichwald bei Berlin/Deutschland, lebt heute in Braunschweig. Schreibt seit der Jugend Lyrik und Prosa. Veröffentlichungen in vielen Literaturzeitschriften, Anthologien, gemeinsamen Büchern und Einzelbänden im deutschsprachigen Raum, Indien und überregional (Unesco)

Rita Keller, 1941 geboren in Gelsenkirchen Nordrhein Wetfalen, wo sie heute noch lebt. Verheiratet, Mutter von zwei Söhnen, sechs Enkelkinder. Zwei Einzelbände, ein Kinderbuch, ein Buch zum durchlebten Krebs, Mitautorin in verschiedenen Anthologien, Literaturzeitschriften wie "Feierabend"; Initiatorin der Internetautorengruppe.

 Birgid Krause, 1949 in Niederbayern geboren, 1954 an Kinderlähmung erkrankt; verheiratet, wirkte als Pädagogin in Bayern und seit 1981 als Pfarrsekretärin in Berlin. Rollstuhlfahrerin und Ruheständlerin seit 2003. Drei Einzelbände (Mundart, Lyrik, Erinnerungen), Mitautorin bei Anthologien und der Literaturedition FEIERABEND, Veröffentlichungen in Zeitschriften.

Gisela Schäfer, 1935 in Hagen geboren, lebt jetzt im Rheinland. 35 Jahre Lehrerin; seit ihrem Ruhestand übt sie ihr Hobby Schreiben verstärkt aus. Mehrere Bücher (Gedichte, Erzählungen, Kinder- und Tiergeschichten); Beteiligung an Anthologien, Wochenschriften und Literatureditionen. Zahlreiche Lesungen.

Ingrid Streicher, 1943 in Perg im Mühlviertel geborene, in Waidhofen an der Ybbs in Österreich lebende pensionierte Pädagogin, Autorin. Zahlreiche Einzelbände (Lyrik, Erinnerungen, Erzählungen, Kindergeschichten), Teilnahme an Anthologien; viele Lesungen.

Heinrich Welser, geb. in Hainburg an der Donau, Niederösterreich. Pensionist und wohnhaft in Salzburg.
Zwei Einzelbände in Lyrik, Teilnahme an Anthologien und in der Literaturedition "Feierabend".

Monika-Maria Windtner, am 2o.6.1961 in Österreich geboren, Mutter einer Tochter, in der Nähe von Linz lebend. Wirkt in verschiedenen Anthologien mit, schreibt regelmäßig in den Literaturzeitschriften "Feierabend" der Edition Lebenszeichen. Sie ist aktiv an den Lesungen der Autorengemeinschaft Tintenfische beteiligt.

Inhaltsverzeichnis

Vorwort   Seite   5

Gedichte Friederike Amort   Seite   7

Gedichte Ernestine Gira   Seite   17

Gedichte Knut Ismer   Seite   27

Gedichte Rita Keller   Seite   39

Gedichte Birgid Krause   Seite   49

Gedichte Gisela Schäfer   Seite   59

Gedichte Ingrid Streicher   Seite   67

Gedichte Heinz Welser   Seite   77

Gedichte Monika Maria Windtner   Seite   89

Autorenvita   Seite   98

Inhaltsverzeichnis   Seite 100